AF257571

AU

PEUPLE FRANÇAIS,

Sur l'Acte supplémentaire aux Constitutions de l'Empire.

Français,

Après vingt-cinq années d'orage, vous éprouviez le besoin d'une constitution qui, en garantissant l'exercice de vos droits contre les entreprises de la tyrannie et du despotisme, devint le palladium de la liberté publique et individuelle, et la garantie de cette égalité morale, qui n'admet aux yeux de la loi aucune distinction.

On vous la promettait cette constitution; elle devait être *en tout conforme aux vœux et aux besoins nationaux; elle devait entourer les droits des citoyens de toute leur garantie, donner au système représentatif toute son extension, suffire enfin pour investir les corps intermédiaires de toute la considération et du pouvoir desirable.*

On vous avait flatté de l'espoir de voir *les colléges électoraux se réunir à Paris, afin de prendre les mesures convenables pour corriger et modifier vos constitutions selon l'intérêt et la volonté de la nation.*

Déjà votre imagination séduite vous re-présentait un souverain que des circonstances extraordinaires , résultat presque inévitable , de la puissance de l'opinion publique , avaient porté , il y a à peine un an , à abdiquer la dignité impériale ; ramené aujourd'hui et reporté , pour ainsi dire , à cette dignité su-prême par des circonstances plus extraordi-naires encore , un souverain , dis-je , qui recon-naissant enfin le pouvoir qu'a la nation de se dicter des lois constitutives , vint recevoir d'elle les conditions d'un pacte nouveau , mais nécessaire , et , qui pour être indissoluble , de-vait être invariable dans toutes ses parties.

Fatigués des vaines théories d'une liberté absolue , instruits par l'expérience et par une longue suite de malheurs , vous aviez reconnu la nécessité d'entourer votre monarque d'une autorité suffisante pour vous protéger et vous faire respecter , et vous étiez prêts à faire à votre sécurité future le sacrifice d'une portion de ces prérogatives que l'homme tient de la na-ture , et qu'il ne saurait jamais aliéner en totalité.

Vous aviez le droit d'espérer qu'instruit à la même école , et convaincu que la force du sou-verain consiste moins dans le nombre des bayonnettes qui l'entourent , que dans l'affec-tion de ses sujets , Napoléon , renonçant à la gloire des conquérans , pour ne s'occuper que du bonheur de la nation, eût admis pour première base de ce pacte la liberté et l'égalité. Je n'entends pas cette liberté indéfinie, qui dégénère en licence, mais cette liberté raisonnée, fondée sur des lois naturelles et justes, et sans laquelle les peuples deviennent esclaves; je n'entends pas cette égalité chimérique, subversive de tous principes de société, mais cette égalité qui donne à tous les Français les mêmes droits à la protection du gouvernement, à la justice des tribunaux, à la bienveillance des magistrats, qui les rend aptes à tous les emplois, honneurs et dignités, et ne tolère de différences entre tous les individus d'une même nation, que celles résultantes de leur conduite, de leurs vices ou de leurs vertus.

Trompés dans votre espoir sur le but de la réunion des colléges électoraux, on vous annonça que le souverain, en échange d'une de vos plus belles prérogatives, celle de stipuler le pacte qui allait exister entre vous et lui, allait vous donner une constitution, et *l'on vous garantit qu'elle serait digne et du monarque qui vous la donnerait, et de la grande nation à qui elle était destinée.*

L'acte supplémentaire à la constitution, qu'il a plu à l'Empereur de soumettre à votre adhésion, remplit-il vos espérances et les promesses qu'on vous a faites? — Non.

(4)

Français, seriez - vous donc condamnés à éprouver éternellement le supplice de Tantale?

La liberté, l'égalité, ces deux idoles chéries auxquelles vous avez fait tant et de si grands sacrifices, ne sont-elles pour vous que des chimères qui vous échappent lorsque vous croyez les fixer pour jamais?

Quel fut le but de toutes vos révolutions? celui de reconquérir vos droits usurpés par le despotisme, de renverser l'hydre de l'aristocratie nobiliaire et féodale.

Quel serait le résultat de ces révolutions? d'avoir changé des fers dont le poids vous était connu, contre d'autres fers qui pourraient être mille fois plus lourds.

Si vous donniez votre adhésion à ces actes supplémentaires, bientôt vous verriez fondre sur vous cette foule de fléaux auxquels vous n'avez pu vous soustraire que par une révolution qui, parmi quelques prodiges dont la nation s'honore, enfanta une foule de forfaits dont la nature effrayée s'étonne, et dont l'humanité frémit. Bientôt le despotisme le plus absolu vous plongerait dans l'esclavage le plus affreux; il ne vous resterait pas même la faculté de vous plaindre, puisque vous-mêmes auriez rivé vos fers.

Loin de remplir vos espérances et les promesses qu'on vous avait faites, cette constitution supplémentaire détruit et les unes et les autres.

Elle est contraire aux droits du peuple.

Elle est destructive de tous principes d'égalité.

Elle laisse au souverain le pouvoir de détruire arbitrairement et impunément la représentation nationale, seule garantie de la liberté publique.

Elle n'offre pas une garantie suffisante de la liberté individuelle.

Les peuples existaient avant les rois ; delà, la conséquence naturelle que les rois créés par les peuples ont été faits pour les peuples, et non les peuples pour les rois ; delà, la conséquence naturelle de la souveraineté des peuples.

Les premières nations qui se donnèrent un chef eurent le droit de dicter les conditions auxquelles elles consentirent à se départir d'une portion des prérogatives qu'elles tenaient de la nature.

Ce droit est imprescriptible. En vain un despote, secondé par des bayonnettes vénales, aurait pu s'arroger la puissance constitutive, les lois dictées par la force n'ont d'empire que sur la faiblesse ; les peuples peuvent être subjugués, mais ils ne sont jamais vaincus, et tôt ou tard leur cause triomphe.

La nation française venait d'en donner un

exemple, elle avait reconquis le droit de se constituer elle-même, il fallait le lui laisser.

Cette constitution eût été faite par le peuple réuni en assemblée primaire, ou par ses mandataires.

Le peuple connaît ses besoins, il sent ses maux ; il sait le remède qui lui convient. L'effervescence est passée, pourquoi le traiter encore comme un malade à qui le délire enlève la faculté de se soigner lui-même ?

Mais admettons qu'il doive de la reconnaissance au souverain de ce qu'il daigne lui octroyer une constitution, pourquoi ne pas lui laisser la faculté de délibérer en assemblée primaire sur chacun des articles de cette constitution ? elle n'est point faite pour les citoyens individuellement, elle est faite pour la nation en masse. C'était donc à la nation réunie qu'elle devait être présentée.

Dans les principes d'une révolution, les réunions populaires offrent cet inconvénient, que souvent les imaginations s'enflamment, les têtes s'échauffent, les mots *liberté*, *égalité*, entraînent les peuples à la licence, à des excès : cet inconvénient n'était plus à craindre dans la circonstance actuelle ; ces mots ont perdu une grande partie de leur charme magique : fatigués de se les entendre vainement répéter depuis vingt-cinq ans, c'est la réalité que les peuples veulent ; le mot n'a plus rien de dangereux pour eux.

Le peuple français est assez calme aujourd'hui pour délibérer sur ses vrais intérêts, sans craindre le retour de ces scènes qui ensanglantèrent notre révolution.

Du mode d'adhésion prescrit, résulte la nécessité d'adopter ou de rejeter le tout.

Le Français qui, depuis long-tems a perdu de vue l'acte constitutionnel du 22 frimaire an 8, qui a oublié, ou qui peut-être n'a jamais connu les sénatus-consultes organiques et désorganiques en même tems des 14 et 16 thermidor an 10, celui du 28 floréal an 12, se verra forcé d'accepter une constitution qu'il ne connaît pas, et qui peut pour jamais enchaîner sa liberté, faire un esclave de lui et de ses descendans, ou de rejeter un pacte qui doit le rendre pour jamais un peuple heureux et libre.

A la manière dont on fait les constitutions en France, et dont on les accepte, on serait tenté de croire qu'il ne s'agit que d'un marché d'apprentissage, que l'on aura la faculté de résilier au bout d'un mois, si l'essai ne convient pas à l'une des parties.

Mais c'est trop s'occuper de la forme, quand le fond offre tant de matière aux réflexions.

Si j'avais à mettre en balance les avantages et les inconvéniens qui sont résultés pour la

nation française de vingt-cinq ans de révolution, je n'hésiterais pas à mettre au premier
rang de ces inconvéniens la démoralisation gé-
nérale, qui semble s'être emparée de presque
toutes les classes de la société, mais plus parti-
lièrement de celle des employés de l'état. Il
n'est, pour ainsi dire, pas un seul individu
dont la conduite politique n'ait été marquée au
sceau de l'égoïsme personnifié, et qui n'ait d'a-
vance calculé ce que lui rapporterait le parjure
au serment qu'il avait fait la veille, et les
avantages à résulter du parjure qu'il se pro-
posait de faire le lendemain. J'aurai l'occasion
de revenir sur les suites de cette versatilité, ou
plutôt de cette vénalité.

Au nombre des avantages de cette révolution, le plus grand sans contredit, car il
est le seul qui nous en reste, c'est la suppres-
sion de la noblesse féodale.

Mais la chambre des Pairs ne remplacera-
t-elle pas bientôt cette même noblesse. La
pairie sera héréditaire de mâles en mâles,
d'aînés en aînés en ligne directe.

Quelle différence entre les deux noblesses ?
Aucune. Toutes deux auront été instituées par
le prince ; toutes deux auront obtenu cette dignité pour d'illustres faits d'armes, excepté
cependant quelques nouveaux pairs qui pourront n'avoir jamais servi que sous les bannières

de toutes les factions ; toutes deux auront versé leur sang pour l'état, à la différence que l'ancienne n'a pas fait les campagnes de la liberté ; mais elle n'en a pas moins contribué à préserver la France de l'invasion des goths, des visigots, des barbares, des maures, etc. Est-ce la faute des fils des anciens nobles, si du tems de leurs pères on se battait pour le prince et l'état, sans crier vive la liberté ? Le fait est, que leurs pères n'en ont pas moins été tués ou mutilés au champ d'honneur. Les Turenne, les Condé, les Bayard, les Duguesclin, les la Trémouille, etc., auraient sans doute été faits pairs sous un guerrier aussi juste appréciateur du mérite que Napoléon ; et parce qu'ils sont arrivés trop tôt, leurs descendans se trouvent privés de l'hérédité d'une pairie. C'est, il faut en convenir, jouer de malheur.

Laissons ce paralèle pour revenir au fait. Une cause principale de l'abolition de la noblesse (je ne parle pas des vices, de la morgue, de l'orgueil, de l'insatiable cupidité qu'on leur reprochait ;) la cause principale de l'abolition de cette caste privilégiée, fut l'antiquité des titres qui constituaient leurs dignités ; titres qui se perdaient dans l'obscurité des siècles, sans que rien rappelle aux générations présentes la noblesse de leur origine. Le peuple était fatigué de voir toujours les mêmes individus jouir des des dignités, recevoir des honneurs, occuper des emplois auxquels il avait, par sa nature, par ses talens les mêmes droits qu'eux ; et en vertu des pouvoirs qu'il tenait, non-seulement de sa toute puissante volonté, mais encore de la nature et de la raison, il leur dit poliment, ou non, n'importe la manière ; mais il leur dit, et c'est l'essentiel : Ote toi de là que je m'y mette ; et eux de déloger.

Ce qui arriva il y a vingt-trois ans aux nobles de l'ancien tems pourrait encore arriver aux nobles du nouveau ; si ce n'est pas dans vingt-cinq ans, ce pourrait être dans cent ans, dans mille ans, et c'est ce qu'il faut éviter.

Un père de famille en songeant à l'établissement de ses enfans, ne doit pas s'occuper seulement de l'année courante, il doit penser à un tems plus éloigné ; il doit songer encore au sort de ses petits enfans.

Le chef d'un empire ne doit pas faire le bonheur de la génération présente aux dépens de toutes les générations futures ; son nom ne doit passer à la postérité, la plus reculée, qu'accompagné des bénédictions des peuples. Napoléon y parviendrait-il en instituant une noblesse héréditaire ? Ce mot seul révolte déjà la génération actuelle. Que dira la postérité, qui n'aura pas comme nous présente, sous les yeux, les tems, les circonstances et les motifs qui auront donné lieu à l'institution de cette pairie ?

L'idée d'une noblesse, surtout d'une noblesse héréditaire, répugne aujourd'hui à la Nation française : cette répugnance est bien naturelle.

Il n'est point de noblesse, et sur-tout de noblesse héréditafre , sans prérogatives , et il n'est point de prérogative nobiliaire, sans un peu de féodalité.

Mais ce qui sur-tout doit inspirer au peuple français un dégoût bien prononcé pour l'institution d'une nouvelle noblesse , c'est cette multitude d'acte de faiblesse et de lâcheté qui ont deshonoré le sénat dès son institution jusqu'à sa chûte.

La Nation n'oubliera pas facilement que le plus grand nombre d'entre eux ne s'était élevé à cette dignité qu'à force de ramper.

Qu'ils avaient sacrifié à leurs intérêts personnels tous leurs devoirs et les intérêts des peuples ; qu'après nous avoir dépeint tous les rois comme des brigands , pour qui l'échafaud était un supplice trop doux, ils furent les premiers à corrompre, par leurs viles flagorneries , un héros qui se fût empressé d'allier l'olivier de la paix aux nobles lauriers de la victoire dont il fut si long-tems l'enfant gâté , si ces vils ambitieux qui se flattaient de s'asseoir sur les premières marches des trônes qu'il renversait pour les relever ensuite , n'eussent mêlé les poisons corrupteurs de l'adulation aux vapeurs enivrantes de la gloire qu'il s'était acquise au prix de tant de sang.

La Nation n'oubliera pas que le plus grand nombre d'entre eux a siégé tour-à-tour à la convention et à la chambre des pairs, aux comités révolutionnaires et de salut public, et au sénat, aux clubs des jacobins et au conseil des anciens, aux clubs des régicides, au tribunat et aux cinq-cents, et que presque tous se sont rendus, au moins par un silence criminel, complices des fautes et des crimes du parti qui, tour-à-tour, a dominé.

Et nous aurions proscrit cette ancienne nôblesse que, malgré son orgueil de grandes vertus et d'honorables souvenirs nous forçaient encore à respecter, pour lui en substituer une autre de l'espèce ci-dessus, qui n'aurait que le mérite de sa vile et lâche condescendance !

Mais admettons que ces reptiles dangereux, toujours prêts à se vendre au plus offrant, soient éliminés de la nouvelle pairie ; admettons que tous les nouveaux pairs auront l'âme et les mains pures , leurs vertus dateraient d'une époque si rapprochée, qu'on ne pourrait les supposer héréditaires, et cette raison seule suffirait pour proscrire l'hérédité.

Mais ne sait-on pas que tout ici bas tend à sa destruction, que tout dégénère, que tout se corrompt, et que c'est plus particulièrement dans l'espèce humaine que se fait le plus sentir la vérité de ce principe que nous avons si souvent invoqué, pour sapper nos vieilles institutions ?

L'histoire de tous les tems, de tous les peuples, ne nous offre-t-elle pas à chaque page la preuve que le fils d'un héros ne fut qu'un lâche ; que le fils d'un honnête homme peut n'être qu'un vil scélérat ? Pourquoi vouloir donner encore dans le vague si dangereux des théories, quand nous avons déjà fait de si malheureuses expériences, et que nous les avons payé si cher ?

Reconnaissons encore et sanctionnons, pour la dernière fois, cette vérité trop constante. L'hérédité de la noblesse est en politique une monstruosité. Elle blesse les droits du peuple, elle est destructive de tout principe d'égalité ; elle est un premier pas vers le régime féodal, elle ne peut ni ne doit être admise dans nos constitutions.

Encore une fois, Français, point de noblesse héréditaire ; accordons au mérite des honneurs, des distinctions, des récompenses à vie ; mais gardons-nous de nous imposer des maîtres à perpétuité ; ne nous exposons pas à recevoir la loi d'un homme, qui n'aurait d'autre mérite que d'être le fils, souvent indigne, d'un père qui mérita bien de la patrie.

Nous pouvons céder une portion de nos droits à la liberté, à l'égalité; mais nous ne pouvons aliéner la plus faible partie des droits qu'ont nos descendans à ces bienfaits, que la nature semble avoir placés près de l'homme, pour le consoler des misères dont est semé sa carrière. Point de noblesse héréditaire si nous ne voulons pas léguer à nos neveux, et peut-être à nos enfans, un germe de discorde, une cause de révolution.

Mais, abstraction faite aux suites, sous les rapports de la liberté et de l'égalité, de l'institution d'une noblesse héréditaire, je le demande, de quel œil pense-t-on que le peuple français verrait élever à cette dignité des hommes qui, les premiers, lui ont dépeint tout l'odieux de cette institution, des hommes qui ont non-seulement proscrit cette noblesse ancienne, mais qui l'ont vouée, en quelque sorte, aux furies vengeresses des droits des peuples ?

Eh, n'aurait-il pas le droit de dire à ces fabricans perpétuels de lois et de constitutions, c'était donc pour vous élever sur les ruines de nos anciennes institutions, que vous les avez détruites ; vous ne nous en avez dépeint les vices, vous ne nous les avez rendues odieuses, que parce qu'elles blessaient votre orgueil, votre vanité ? Vils intrigans, lâches ambitieux, ce ne fut jamais que votre intérêt personnel que

vous eûtes en vue. Les intérêts et le bonheur
du peuple ne furent jamais pour vous qu'un
mot vide de sens, ou le voile hypocrite sous
lequel vous enveloppiez vos projets usurpa-
teurs. — Aujourd'hui je vous connais, le manteau des dignités ne saurait cacher entièrement
votre opprobre. — Fuyez, êtres vils, qui avez
sacrifié tous vos devoirs à votre intérêt, vous
m'avez trompé, je vous méprise.

J'ai dit que la démoralisation presque géné-
rale était un des plus grands malheurs que la
révolution ait traîné à sa suite. Je le demande,
quelle garantie pour l'avenir le passé offrirait-
il à la nation? Les hommes qui depuis 25 ans
nous gouvernent, tantôt sous un nom, tantôt
sous un autre, nous ont prouvé que ce n'est pas
seulement des honneurs qu'ils ambitionnent,
mais que c'est encore de l'argent qu'il leur faut;
et en laissant aux pairs la faculté de cumuler
diverses fonctions publiques, ne donne-t-on
pas au souverain le moyen d'acheter leur silence ou leur condescendance à toutes ses volontés? et n'aura-t-on pas à craindre de voir la
chambre des pairs marcher sur les traces, qui
sait, peut-être encore surpasser la faiblesse de
ce sénat *destructeur*, que la nation accusait
avec raison d'être le seul auteur de cette
foule de fléaux qui accablèrent la Fance dans
les années 1812, 1813 et 1814?

Mais sans nous livrer d'avance aux terreurs que la conduite passée du sénat doit nous inspirer pour la conduite future de la nouvelle pairie, ne devons-nous pas redouter que cette institution ne devienne entre les mains d'un despote une arme bien funeste pour l'indépendance des peuples ?

Que le souverain rencontre quelque opposition à ses volontés ; pour les faire cesser, il pourra augmenter, au gré de ses caprices, le nombre de ces pairs ; il ne devra compte qu'à lui – même des motifs qui l'auront porté à conférer cette dignité à des hommes qui pourront n'avoir d'autre mérite que celui d'un dévouement servile au moindre de ses desirs ; et bientôt une minorité courageuse se verrait réduite à l'impuissance de faire le bien ou d'empêcher le mal par une majorité corrompue.

Sous ce point de vue, l'institution de la chambre des pairs, loin de garantir les droits des peuples, deviendrait un des plus fermes appuis du despotisme.

La dignité de la pairie ne devrait être conférée que par le peuple ; juste appréciateur du mérite, il ne la donnera qu'à des services rendus ; et sous un despote, elle ne deviendra pas le salaire d'un trafic honteux de la fortune, de la vie ou de la liberté des citoyens.

Que la pairie soit à vie, mais qu'il soit des cas où le pair puisse être déchu de ses titres, de ses honneurs; il ne faut pas qu'une dignité soit un brevet d'impunité; il est de ces actions que les lois criminelles ne peuvent atteindre, mais qui n'en couvrent pas moins d'un opprobre éternel celui qui s'en rend coupable. Que l'homme déshonoré aux yeux de la nation et de ses collègues ne puisse plus siéger dans une assemblée sur laquelle il pourrait faire réjaillir une portion de son infamie.

L'acte supplémentaire aux constitutions me rappelle l'expression d'un de nos législateurs de 1793. « Il existe, disait l'abbé Grégoire ou » Barrère, une guerre naturelle, permanente » et éternelle entre les rois et les peuples.

» Les premiers tendent toujours au despo- » tisme, les seconds à la liberté. »

Pour que les peuples puissent soutenir cette lutte toujours trop inégale, il faut que la re- présentation nationale soit libre et indépen- dante; que l'exercice de sa souveraineté lui soit garantie par un contrat tel que le pacte qui unit réciproquement la nation et le souverain soit rompu, et que le peuple se trouve dégagé de tous ses liens à l'instant où le monarque voudrait anticiper sur ses droits.

Cet acte supplémentaire laisse à l'arbitraire du souverain la faculté de rendre nulle et illu-

2

soire la représentation nationale ; en effet, la nomination du président de la chambre des représentans est soumise à l'approbation de l'Empereur. Le droit de se choisir un président appartient exclusivement aux mandataires du peuple ; l'entraver, n'est-ce pas le leur ravir ? Ne sait-on pas jusqu'à quel point le président d'une assemblée peut l'influencer ? Et pourquoi laisser à un despote le droit d'influencer des mandataires, qui ne doivent l'être que par l'amour de leur devoir ? Pourquoi lui laisser la faculté d'éloigner de la présidence l'homme que la confiance des mandataires du peuple aurait appelé à cet honneur, celui que ses talens, son éloquence et son dévouement rendraient le plus digne de cette faveur, qui deviendrait pour lui une récompense nationale ?

Eh quoi ! l'on promet aux peuples la liberté ; et l'acte qui doit la leur garantir leur enlève un droit à l'exercice duquel peut être attaché la conservation de cette liberté ! Ravir aux mandataires de la nation le droit de se choisir un président, n'est-ce pas faire naître des craintes, exciter des inquiétudes pour la conservation de cette même liberté ?

Enlever aux représentans de la nation la faculté de lire un discours écrit, et réserver cette faculté aux ministres, aux agens du souverain, n'est-ce pas encore attenter à cette même liberté ?

Les représentans du peuple, pris dans sa classe, doivent mieux connaître ses besoins que tous autres ; ils doivent les exposer quand et comme ils leur sembleront, les plus avantageux à leurs commettans.

Pense-t-on donc que tous nos représentans seront des Cicéron, des Démosthènes ou des Mirabeau ?

Le représentant doué d'assez d'énergie et de force d'âme pour lutter contre les forces d'un despote, réunira-t-il toujours cette sagacité qui nous fait saisir et distinguer les vices d'une proposition ; cette facilité d'élocution nécessaire pour repousser, *ex abrupto*, les insinuations perfides, les funestes impressions d'un discours préparé pendant long-tems et avec art , et qu'un orateur adroit et insinuant aura eu le talent d'embellir des charmes de l'éloquence , toujours si puissans sur l'imagination, et souvent si funestes, quand la réflexion ne leur enlève pas leur illusion ?

Non , sans doute. Pourquoi donc priver les représentans du droit de méditer à leur tour, dans le silence du cabinet , loin du tumulte inséparable d'une grande assemblée, sur les grands intérêts dont ils sont dépositaires ? Pourquoi priver leurs collègues du fruit de ces méditations ?

Qu'il me soit permis de le dire : enlever aux

représentans de la nation le droit de lire à la tribune tous écrits qu'ils croiront utiles au bonheur du peuple, c'est un attentat à la liberté, c'est livrer la représentation nationale à la merci du premier orateur vénal, ce serait un premier pas vers le despotisme, que d'autres sans doute suivraient rapidement.

Pourquoi laisser au gouvernement la proposition de la loi ? N'est-ce pas attenter au droit qu'a la nation de se donner les lois qu'elle juge nécessaires, et dont elle sent le besoin indispensable ?

Admettons que le gouvernement refuse de déférer à l'invitation que les chambres lui auraient faite de proposer une loi sur un objet déterminé qui pourrait se trouver en contradiction ou avec ses vues, ou avec ses intérêts, le peuple sera privé d'une loi dont il aura ressenti l'urgente nécessité; et il la réclamerait en vain, il sera encore privé de cette loi, si le gouvernement refusait d'adopter les amendemens que ses représentans auraient proposés; ou il se verrait forcé de souscrire à un article qui léserait ses droits et ses intérêts, pour obtenir un autre article de la même loi dont il sentirait le besoin. Eh ! convenons que cette constitution, sortie du même moule que toutes celles qui l'ont précédées, faite par les mêmes individus, a eu aussi les mêmes causes, l'intérêt de ceux qui l'ont faite. Convenons que, loin de garantir les droits de la nation, elle semble au contraire les exposer à une lutte perpétuelle avec la volonté du souverain ; lutte inégale et dans laquelle les intérêts du peuple seront constamment sacrifiés.

La qualité de représentant de la nation doit, comme celle des pairs, être incompatible avec toute autre fonction.

S'il en était autrement, la nation verrait encore toutes les charges de l'Etat, ces mines si riches, et qu'il est si facile d'exploiter, devenir la propriété d'une centaine d'individus, qui pourraient à leur gré cumuler les appointemens d'une douzaine d'emplois, sans s'occuper d'un seul.

Que lorsque les chambres seront en vacance, les pairs et les représentans aillent dans leur département reconnaître les besoins des peuples; que les progrès de la morale, de la législation, de l'agriculture, du commerce, des arts, de l'industrie, soient l'objet de leur sollicitude, ils y recueilleront une assez ample provision de matières, pour s'occuper exclusivement de leurs fonctions pendant toute la durée des sessions.

Qu'on enlève aux représentans de la nation la perspective d'obtenir des emplois avant un laps de temps déterminé, après la cessation de ur représentation, alors on ne les verra plus vendre leurs suffrages, trahir leur devoir et les intérêts du peuple par l'espoir d'un emploi ; ils ne regarderont plus les charges lucratives de l'état comme un riche héritage qui leur sera dévolue et dont la possession ne leur coûtera qu'un acte de complaisance.

Le représentant qui n'aura plus l'espoir de cacher sous le manteau des dignités l'opprobre dont il se sera couvert en trahissant les devoirs de ses commettans, se conduira de manière à justifier l'estime de ses concitoyens, et à obtenir à son retour dans ses foyers, de nouveaux et plus justes témoignages de la considération publique.

Le souverain sera privé par ce fait d'une arme bien plus sûre que celle du despotisme pour obtenir des représentans toutes les concessions nécessaires à ses projets ; les honneurs, les emplois, et par conséquent les trésors de l'état ne seront plus entre ses mains un moyen de corruption.

Soyons bien convaincus que tous les maux qui sont venus fondre sur notre patrie depuis vingt-cinq ans, ne furent en très-grande partie que le résultat de l'égoïsme qui firent agir la presque totalité de nos représentans : A peine assis sur les chaises curules, ils ne s'occupèrent plus que d'eux. Les constitutions qu'ils donnèrent au peuple Français n'avaient en vue que leurs intérêt personnel ; ils ne firent des constitutions que pour créer des places, ils ne créèrent des places que pour les occuper.

Ne voyons-nous pas encore aujourd'hui toutes les dignités lucratives de l'état exploitées par d'anciens représentans ?

En est – il un seul sur mille qui ait été tenté d'imiter le noble exemple de Cincinnatus ? non, ceux présens ressemblent à ceux passés ; et les futurs ressembleront aux uns et aux autres, si on ne leur enlève la perspective des emplois à la nomination des souverains.

La représentation nationale doit être libre et indépendante ; le sera-t-elle lorsque le souverain aura la faculté de la dissoudre à sa volonté ?

Admettons que le souverain exige de la nation des sacrifices au-dessus de ses forces, qu'il voulût l'entraîner dans une guerre injuste ou désastreuse, ou lui faire contracter une paix qui compromettrait l'honneur ou les intérêts de la nation, la représentation nationale pourrait être dissoute, parce qu'elle aurait montré une énergie qui seule peut préserver la nation des effets d'un despotisme absolu, d'une soif désordonnée de la gloire, ou d'une faiblesse pusillanime ; et il serait libre au souverain de dissoudre toutes les représentations nationales jusqu'à ce qu'il en eût trouvé une qui voulût souscrire à ses projets !

La faculté que le souverain se réserve de nommer les présidens de collége de département, n'est-elle déjà pas une atteinte portée et à nos droits, et à notre liberté et à notre indépendance ?

Quelle garantie l'acte supplémentaire aux constitutions offre-t-il au peuple français contre les effets d'un nouveau despotisme ?

La trouverons-nous cette garantie dans la chambre des pairs ?

Mais les membres de cette chambre seront à la nomination du souverain ; il pourra ne les choisir que parmi ses créatures ; si l'une d'elles se détache de ses intérêts, il pourra contrebalancer sa voix par tel nombre qu'il jugera nécessaire ; sa volonté sera la seule qualité pour être admis ; ils auront une pairie, une pairie héréditaire, ils seront assis sur les premières marches du trône , admis aux entretiens les plus secrets du souverain , ils formeront une caste privilégiée, ils se croiront d'autres hommes que la nation ; et ils prendraient les intérêts du peuple contre ce x d'un monarque auxquels ils seraient attachés par les liens de la reconnaissance, et par ceux beaucoup plus puissans de l'espérance ! Ah ! le passé est encore si présent de nous que nous ne devons pas nous flatter de cet espoir chimérique.

La trouverons-nous cette garantie dans la

chambre des représentans? Mais, outre l'influence que le souverain aura exercée sur la nomination de ces représentans, soit par la voie du président qu'il nomme lui-même, soit par l'adjonction aux colléges électoraux de tous les membres de la légion d'honneur, dont la majeure partie ne tient à la société que par les bienfaits qu'elle a reçus de l'Empereur, et par les récompenses nationales; outre l'influence que le souverain exercera sur la chambre des représentans, par les ministres et conseillers d'état qu'il peut y envoyer, et qui prennent part aux discussions et délibérations, par la nomination qu'il fait lui-même du président, etc. etc.; cette chambre n'aura qu'une existence éphémère, puisque d'un mot le souverain peut la dissoudre, puisqu'il peut également dissoudre celle qui lui succédera, et ainsi consécutivement.

Alors la France resterait sans représentation nationale, le souverain n'en aurait pas même besoin pour voter des impôts, puisque celui voté pour une année 1816, par exemple, servira, si le souverain le veut, à celui qui sera perçu en 1817 et 1818, et ainsi à l'infini.

Ce serait alors que la France se trouverait plongée dans l'esclavage le plus affreux, et n'aurait d'autre ressource pour s'y soustraire qu'une nouvelle révolution.

Cette idée doit révolter tous les Français. Il suffira sans doute de la possibilité d'un événement si désastreux, pour déterminer le souverain et la nation à le prévenir ; ils y parviendront facilement, en établissant le pacte sur des bases adaptées aux lumières du siècle, conformes aux besoins des peuples, qui garantissent au monarque l'autorité nécessaire pour faire le bonheur de la nation qui lui a confié le droit de la régir, et à la nation le libre exercice de sa liberté, de son indépendance et de sa représentation.

Une des plus belles prérogatives du trône est sans contredit le droit de faire grâce. Mais entre ce droit et celui d'accorder des amnisties, il y a selon moi une distance infinie, et qu'il n'appartient qu'à la société seule de franchir.

En effet, la grâce n'est que la remise ou la commutation d'une peine corporelle ou pécuniaire, correctionnelle, afflictive ou infamante.

L'amnistie non-seulement remet la peine, mais elle efface les traces mêmes du crime. Elle remet le coupable dans le même état d'innocence politique qu'il était avant de se rendre coupable de ce crime.

Le droit d'accorder des amnisties est en quelque sorte nécessaire à la suite des révolutions politiques ; elles enfantent des délits qui, vertus hier, crime aujourd'hui, peuvent encore être des vertus demain.

Le droit d'amnistie pour ce genre de délit ne saurait être exercé par le souverain seul, parce qu'il pourrait en résulter qu'il n'étendrait cette faveur qu'à son partisan, à ceux dont les délits politiques auraient favorisé ses vues, ses intentions ou ses projets, ou même à un certain nombre seulement, et qu'il accablerait de toute la rigueur des lois cette classe d'individus qui se fût opposé à ses projets, et dont le seul crime pourrait être d'avoir succombé dans son entreprise : car nous avons fait l'expérience pendant tout le cours de notre révolution, que celui-là seul était un honnête homme qui triomphait de son adversaire.

Le droit exclusif d'accorder des amnisties même pour délit politique, ne peut être laissé au souverain sans blesser les droits de l'égalité.

Mais étendre ce droit d'amnistie à tous les délits, c'est placer le souverain au-dessus des lois qu'il pourrait enfreindre ou faire enfreindre à son gré ; ce serait compromettre la liberté publique et individuelle ; ce serait attenter à la morale, base fondamentale de toute société.

Le souverain pourrait impunément ordonner tous les genres de crimes ; les lois resteraient sans forces contre les exécuteurs de ses ordres.

L'amnistie serait un bouclier contre lequel viendraient échouer leurs foudres vengeresses, et le criminel qu'elles auraient proscrit pourrait, par la seule volonté du souverain, obtenir des honneurs, des emplois, et devenir l'arbitre de l'honneur, de la vie, de la fortune des citoyens; qui sait? peut-être siéger à la chambre des pairs, au conseil des ministres.

Accordons au souverain le droit illimité de faire grâce, mais que le droit d'accorder des amnisties soit restreint à un certain nombre de cas, et qu'encore les représentans de la nation aient le droit de s'opposer à l'amnistie. La société entière est intéressée à ce qu'un individu qu'elle a repoussé de son sein pour une action infame, ne puisse y être admis sans son consentement.

L'égalité ne me paraît pas suffisamment établie : elle l'est trop ou trop peu.

Les Français sont égaux devant la loi; ces mots suffiraient. C'est dans ce sens, mais dans toute l'étendue de ce sens que consiste la véritable égalité, celle que réclame la nation, celle à laquelle elle a fait d'assez grands sacrifices pour avoir le droit d'en jouir. Il devenait donc inutile d'ajouter, *soit pour la contribution aux impôts et charges publiques, soit pour l'admission aux emplois civils et militaires.* Ces mots ne renferment pas, selon moi, toute l'étendue

de l'égalité à laquelle la nation a droit de pré-
tendre.

Le droit de pétition est entravée ;

Pourquoi forcer vingt individus qui ont à
réclamer contre un abus de pouvoir de l'autorité qui les frappe également, à former vingt
pétitions individuelles contre un délit qui est
peut-être collectif ?

Pourquoi exiger qu'une pétition soit recom-
mandée par un membre qui la présentera sous
sa garantie ?

Tous les représentans seront-ils disposés à
servir de patron à un malheureux qu'ils ne con-
naîtront pas même de nom ? pense-t-on qu'ils
auront tous assez de dévouement pour se mettre en évidence, encourir la disgrâce, la défa-
veur d'un homme en place, pour obliger un
individu qui n'a d'autres titres à leur recom-
mandation, que d'être la victime d'un acte arbitraire ?

N'était-il pas plus simple d'assujétir tous les
pétitionnaires à transmettre leurs réclamations
par l'intermédiaire de leur maire ou du juge-
de-paix de leur canton, qui auraient attesté
nou-seulement l'identité du pétitionnaire, mais
auraient encore pu donner sur l'objet de sa ré-
clamation, des renseignemens propres à déterminer une prompte décision.

Il me reste à parler du dernier article de cet

acte supplémentaire, et ce n'est pas celui qui offre le moins d'intérêt.

Pour le discuter dans tous ses détails et sous tous ses rapports, il faudrait une plume plus exercée que la mienne.

Je ne l'envisagerai que sous les rapports des droits du peuple, et sous ceux de la liberté publique. C'est assez dire que mon opinion ne sera point favorable au projet.

Une constitution est un pacte qui lie les nations et le souverain.

Le droit de se donner un chef appartient au peuple, de ce droit résulte celui de le changer.

Si l'on me contestait ce principe, je dirais pourquoi, dès que vous n'aviez pas le droit de changer vos souverains, avez-vous proscrit et repoussé ceux qui depuis mille ans vous gouvernaient?

(Soyons conséquens et ne raisonnons pas toujours au gré de nos passions et de nos intérêts.)

En admettant le principe, il faut admettre la conséquence. Le droit de se donner un chef, ce serait dès que la nation n'aurait plus la faculté de le choisir partout et dans telle classe qu'elle jugerait convenable. Ce droit cesserait dès qu'il serait entravé. — Et vous l'entravez à l'instant où vous interdisez à la Nation la faculté de le prendre dans telle ou telle famille.

Une constitution est obligatoire pour la nation et le souverain qui l'adoptent ; elle ne devient obligatoire , pour les générations futures , qu'autant qu'elles la sanctionnent , ou par un acte nouveau , ou par une reconvention tacite.

Qui nous répondra que nos enfans , ou nos neveux sanctionneront cette constitution ? et de quel droit pourrions-nous les y contraindre , nous qui n'avons pas voulu sanctionner celle que nous avaient transmis nos pères ; celle que nous avions faite nous-mêmes , nous qui , après nous être en quelque sorte associé , par un serment de haine à la royauté , au forfait qui priva la France du plus vertueux des monarques ; nous qui , après avoir proscrit , sous peine de mort , toute provocation à la monarchie , fûmes trop heureux de trouver l'égide d'un trône pour nous soustraire aux horreurs de l'anarchie ; nous ?..... et nous penserions enchaîner la liberté de nos descendans , leur imposer des conditions contraires aux droits des peuples , et nous espérerions qu'ils y souscriraient aveuglément. Détrompons-nous ; rayons de cette constitution cet article qui nous couvrirait de ridicule , si nos neveux n'y souscrivaient pas , ou qui nous ferait accuser de complicité du despotisme s'ils étaient forcés de l'accepter malgré eux.

Telles sont les observations rapides que m'a

suggéré la simple lecture de l'acte supplémentaire aux Constitutions de l'Etat.

Puissent ces observations que j'ai rédigées sans
prétentions, éclairer la nation sur ses véritables
intérêts, et convaincre le souverain que ceux
qu'il a chargé de rédiger cet acte supplémentaire, ont trahi sa confiance.

Paris, 26 avril 1815.

DE L'IMPRIMERIE DE L.-P. SÉTIER FILS.

Se vend chez L.-P. SÉTIER FILS , *Cloître Saint-
Benoît*, N°. 23;

Et chez tous les Marchands de Nouveautés.